FACULTÉ DE DROIT DE PARIS.

THÈSE

POUR LA LICENCE.

L'ACTE PUBLIC SUR LES MATIÈRES CI-APRÈS SERA SOUTENU

LE SAMEDI 13 AOUT 1853, A MIDI,

PAR

Léon CLÉRY,

Né à Paris.

	MM. PERREYVE, président.	
Professeurs :	DE PORTETS,	
	ORTOLAN,	Suffragants.
	COLMET DAAGE,	
Suppléant :	DUVERGER,	

LE CANDIDAT RÉPONDRA EN OUTRE AUX QUESTIONS QUI LUI SERONT FAITES
SUR LES AUTRES MATIÈRES DE L'ENSEIGNEMENT.

PARIS.

IMPRIMERIE DE L. MARTINET,

RUE MIGNON, 2.

1853.

A MON PÈRE.

A MA MÈRE.

DROIT FRANÇAIS.

DES DIVERS ORDRES DE SUCCESSIONS.
DES SUCCESSIONS IRRÉGULIÈRES.

(Cod. Nap., liv. III, tit. 8, ch. 3 et 4.) Loi du 14 juillet 1819 sur les successions
déférées aux étrangers.

CHAPITRE PREMIER.

SECTION Iʳᵉ.

NOTIONS GÉNÉRALES.

Dans le langage ordinaire du monde on est très porté à confondre
les mots et les idées. Chaque terme ne représente plus la pensée qu'on
y a attachée d'abord, et c'est ainsi qu'on est arrivé à dire le plus sou-
vent la succession pour l'hérédité et réciproquement. Mais le langage
du droit qui a besoin, avant tout, de netteté et de précision, ne
peut s'accommoder de cette sorte de chaos, et il est important de
rétablir les choses dans la place qu'elles doivent occuper. Il faudra
donc entendre par *succession* la transmission des droits actifs et
passifs d'une personne décédée à une autre personne qu'on appelle
héritier.

Tandis que par *hérédité* on devra comprendre l'ensemble des
biens actifs et passifs qui passent du défunt à son héritier.

Lorsqu'une personne, avant de mourir, a pris soin de désigner dans son testament ceux qu'elle désire pour héritiers, on donne à ces derniers le nom d'*héritiers testamentaires*; que si elle est morte sans faire de testament, la loi prend soin de désigner elle-même ses héritiers qui alors reçoivent le nom d'*héritiers légitimes*.

Après cette première distinction, nous en rencontrons une qui n'est pas moins importante. En effet, parmi les héritiers légitimes, on trouve les héritiers *légitimes proprement dits* ou *réguliers*, et les *héritiers légitimes irréguliers*.

Il y a succession régulière ou légitime proprement dite, lorsque les héritiers sont unis au *de cujus* par un lien légitime. Il y a succession irrégulière lorsqu'il n'existe entre le *de cujus* et les héritiers qu'un lien de parenté naturelle, ou même lorsqu'il n'en existe aucun : tels sont le conjoint survivant et l'État.

On emploie le mot *héritier* dans un sens général, mais il faut dire que les successeurs légitimes sont les seuls héritiers ; ils continuent réellement la personne du *de cujus*. Les autres sont plutôt des successeurs aux biens.

Cette distinction a une très grande importance au point de vue pratique. En effet, les *héritiers* sont saisis de plein droit de tous les biens, droits et actions du *de cujus*, et cela par le seul fait de sa mort, tandis que les *successeurs* ont besoin d'être envoyés en possession par la justice; envoi en possession qui ne sera effectué qu'après certaines formalités.

De plus, les héritiers qui continuent, comme nous l'avons dit, la personne du défunt, sont tenus de toutes ses dettes, comme ils profitent de tous ses biens, à moins qu'ils n'aient eu la précaution de n'accepter que sous bénéfice d'inventaire, tandis que les simples successeurs ne sont tenus des dettes que jusqu'à concurrence des biens dont ils profitent.

Avant d'arriver aux dispositions du Code sur notre matière, il est bon de jeter un coup d'œil sur l'histoire de cette législation ; c'est ce que nous allons faire dans la section suivante.

SECTION II.

APERÇU HISTORIQUE.

Avant la révolution de 1789, la France était partagée en deux parties bien distinctes au point de vue de la législation. Les provinces du Midi, qu'on appelait vulgairement *provinces de droit écrit*, subissaient encore l'empire du Droit romain, et ces grands monuments législatifs d'un peuple éteint formaient à peu près tout leur droit.

Si l'on interroge cette législation, on la trouve bien simple en ce qui touche la matière qui nous occupe. Une idée générale dominait les règles établies sur les successions ; c'est que le droit de propriété qui appartient à chacun sur son patrimoine doit s'étendre au delà de son existence et emporte par lui-même le pouvoir de disposer à cause de mort.

Ainsi l'hérédité était partagée d'abord entre tous ceux que le défunt avait faits héritiers par son testament, et ce n'était qu'au cas où il était mort *intestat* que l'on s'occupait de ceux que la loi avait faits héritiers. Lorsqu'on arrivait à ces derniers, on réglait leur rang d'après l'affection présumée du défunt. Aussi appelait-on d'abord les descendants, puis venaient les ascendants, après eux les frères et sœurs, et enfin les autres collatéraux.

On le voit, ce système n'avait rien de compliqué. L'héritier le plus proche dans chaque classe venait exclure les plus éloignés.

Rien de tout cela, au contraire, dans les provinces du Nord qu'on appelait *provinces de droit coutumier*. Cette législation s'était bien éloignée du Droit romain, et c'est surtout au point de vue de l'unité que cette différence est sensible.

Dans ces provinces le principe dominant était la conservation des biens dans chaque famille. A cette époque de féodalité la terre avait une importance énorme au point de vue politique. On était d'autant plus fort qu'on avait plus de domaines, c'est-à-dire plus de vassaux prêts à prendre les armes pour défendre le seigneur, et attaquer aussi un peu les voisins, et plus de fermiers payant les redevances. Aussi le point important était-il de conserver les biens dans chaque famille et de ne pas permettre le morcellement des héritages par les mariages ou les successions. De là les principes de primogéniture et masculinité ; de là aussi cette coutume qu'on appelait *fente*, et qui consistait à diviser les meubles et acquêts en deux branches, paternelle et maternelle, et la *refente* qui étendait ces divisions à l'infini.

Je me suis servi des termes *meubles* et *acquêts* parce qu'on considérait la famille comme une personne à part possédant des biens qu'on appelait *propres* par opposition aux autres biens qu'on appelait *acquêts*, et qui se divisaient entre les divers membres de la famille.

En première ligne venaient les descendants qui se partageaient les biens sous la réserve des droits de primogéniture et de masculinité.

Après eux venaient les ascendants qui succédaient à leurs descendants pour les meubles et immeubles, et prenaient l'usufruit des *propres*.

Enfin arrivaient les collatéraux qui succédaient en vertu de la règle *paterna paternis, materna maternis*. Il y avait de plus un privilége réservé aux germains par lequel ils excluaient les consanguins et les utérins : ce privilége avait reçu le nom de *double lien*.

Lorsque arriva la révolution de 1789 on sentit que cette législation n'était plus en rapport avec les aspirations démocratiques de l'époque. Il fallait substituer un système général à ces lois diverses qui réglaient les successions, il fallait surtout une législation qui répondit aux besoins politiques. On abolit tout ce qui tenait à la féodalité : ainsi l'on fit disparaître les droits de primogéniture et de masculinité, les distinctions tirées de la nature et de l'origine des biens.

La loi du 17 nivôse an II admit trois classes d'héritiers : les descendants, les ascendans et les collatéraux.

Elle introduisit le partage par moitié, entre les deux lignes paternelle et maternelle, de l'hérédité de toute personne morte sans héritiers directs, et elle admit la représentation à l'infini.

Les rédacteurs du Code avaient à choisir entre toutes ces législations. Ils se fondèrent sur l'affection présumée du *de cujus* et admirent quatre ordres d'héritiers : 1° les descendants, 2° les ascendants, 3° les frère et sœur, 4° les autres collatéraux.

Ils abolirent la règle *paterna paternis, materna maternis* qu'ils remplacèrent par celle-ci : *dimidium paternis, dimidium maternis,* et firent disparaître le privilége du *double lien.* Aujourd'hui les germains prennent dans les deux lignes, ce qui est bien plus équitable que de leur faire exclure les consanguins et les utérins.

Ces principes une fois posés et l'origine historique de notre législation actuelle étant éclaircie, nous allons passer aux dispositions du Code Napoléon qui nous régit aujourd'hui.

DISPOSITIONS DU CODE NAPOLÉON.

CHAPITRE II.

DES DIVERS ORDRES DE SUCCESSION.

SECTION Ire.

DISPOSITIONS GÉNÉRALES.

Pour succéder deux conditions sont indispensables : 1° Capacité générale de succéder, 2° parenté du *de cujus* au degré voulu par la loi. La ligne est le lien qui rattache entre eux les parents d'une même famille. Il y en a deux : 1° la ligne directe qui se divise en ascendante et descendante ; 2° la ligne collatérale. Les degrés sont formés par les générations.

Les parents sont paternels ou maternels, ou paternels et maternels tout à la fois. On appelle consanguins ceux qui sont nés du même père, utérins ceux qui sont nés de la même mère, germains ceux qui sont nés du même père et de la même mère.

La loi admet trois ordres d'héritiers, ce sont d'abord les descendants, ensuite les ascendants, enfin les collatéraux ; mais dans les ascendants il faut distinguer les père et mère qui sont ascendants privilégiés, et dans les collatéraux il faut distinguer les frère et sœur et descendants d'eux qui sont collatéraux privilégiés.

Dans chaque ordre le parent le plus proche en degré exclut les autres. Lorsqu'il n'y a que des collatéraux et des ascendants, la succession se divise en deux parts : paternelle et maternelle.

Pour régler l'ordre des successions il ne faut pas opposer parent à parent, mais classe à classe.

SECTION II.

DE LA REPRÉSENTATION.

La représentation est un privilége introduit en faveur de certains parents et dont l'effet est de les faire monter d'un ou de plusieurs degrés afin de les placer au même rang qu'un parent plus proche qu'eux.

La représentation est réglée d'après l'ordre des affections naturelles. Voilà pourquoi le Code ne l'a admise que pour les descendants et les frères et sœurs ou descendants d'eux. On a pensé avec raison que dans l'ordre des ascendants et des collatéraux ordinaires plus on s'éloignait du *de cujus* plus l'affection s'amoindrissait.

Il y a un grand principe qui régit toute cette matière, c'est que pour jouir du bénéfice de la représentation il faut avoir une vocation propre à la succession. D'après cela on comprend facilement que les morts civilement ne puissent représenter. On ne représente pas les personnes vivantes, donc on ne peut représenter que ceux qui sont morts naturellement ou civilement avant l'ouverture de la succession.

La représentation ne peut avoir lieu non plus *per saltum et omisso medio*, ainsi l'arrière-petit-fils n'est pas admis à entrer dans le degré du fils lorsqu'il ne peut pas représenter le petit-fils.

Eu cas de représentation le partage s'opère par souche lorsque les héritiers ne sont pas au même degré, et ceux qui composent les souches partagent entre eux par têtes la part qui est échue à la souche dont ils font partie.

SECTION III.

ORDRE SUIVANT LEQUEL SONT DÉVOLUES LES SUCCESSIONS.

I. Le premier ordre d'héritiers comprend les enfants du *de cujus*, il exclut tous les autres. Nous l'avons déjà dit; il n'y a plus de primogéniture ni de masculinité. Les enfauts légitimés ont les mêmes droits que les enfants légitimes; il en est de même pour les enfants adoptifs, avec cette différence cependant que ces derniers n'ont aucun droit de successibilité aux biens des parents de l'adoptant.

Le parent le plus proche exclut les autres lorsque la différence des degrés ne peut pas être effacée par la représentation. Lorsque tous les descendants sont au premier degré ils partagent par têtes. Lorsqu'ils viennent par représentation ils partagent par souche et les membres de la même souche partagent par têtes.

II. A défaut des descendants viennent les collatéraux privilégiés ou descendants d'eux. On sait que nous avons donné ce nom aux frère et sœur.

Ils excluent les collatéraux des deux lignes et les ascendants autres que les père et mère.

S'ils se trouvent en concours avec les père et mère ils prennent la moitié de la succession; s'ils ne sont en concours qu'avec le père ou la mère ils prennent les trois quarts.

Lorsque ces collatéraux sont tous consanguins, utérins ou germains, la succession se partage par têtes; mais il peut arriver qu'ils soient de souches différentes, alors on divise la succession en deux parts, paternelle et maternelle; les consanguins et les utérins prennent chacun dans la leur et les germains prennent dans les deux.

III. Les ascendants père et mère concourent avec les frères et

2

sœurs et sont exclus par les descendants. Ils excluent tous les parents autres que frères et sœurs, mais chacun dans sa ligne.

Les ascendants autres que père et mère sont exclus : 1° par les descendants, 2° les frère et sœur, 3° les père et mère.

Les collatéraux ordinaires sont exclus par les descendants, les frère et sœur et les ascendants quels qu'ils soient. Ils concourent pour moitié avec les ascendants de l'autre ligne, c'est dire qu'ils ne sont exclus par les ascendants quels qu'ils soient qu'en tant qu'ils sont de la même ligne.

Au delà du douzième degré les parents ne sont plus appelés à succéder.

CHAPITRE III.

SUCCESSION ANOMALE DE L'ASCENDANT DONATEUR.

La première condition pour que cette succession ait lieu c'est que le *de cujus* soit mort sans postérité. Cette succession est particulière et *in re singulari*, car il peut arriver que l'ascendant soit écarté par le frère du *de cujus*.

C'est bien en effet une succession et non pas une résolution de la donation ; de là il suit que l'ascendant ne pourra renoncer à son droit du vivant du donataire, car aucune stipulation n'est permise sur les successions futures.

De plus il faudra que l'objet se retrouve en nature dans la succession. Si l'objet a été aliéné et que le prix n'en soit pas payé, la créance du prix appartiendra à l'ascendant, parce que l'origine de l'argent est claire et non contestée ; de même si le prix avait été payé et qu'il eût été déposé chez un notaire.

Il faut que le bien se retrouve dans la succession *donationis causâ*, l'ascendant ne pourrait le reprendre s'il s'y trouvait pour toute autre cause.

L'ascendant qui succède ainsi devra payer une partie des dettes, car l'art. 724 dit que tout héritier doit payer les dettes. Rappelons en terminant que cet article 724 déroge au principe qui dit que la loi ne considère pas l'origine des biens pour en régler la dévolution.

CHAPITRE IV.

DES SUCCESSIONS IRRÉGULIÈRES.

La loi reconnaît trois classes de successeurs irréguliers qui sont : 1° les enfants naturels, 2° le conjoint survivant, 3° l'État. Nous ajouterons à cette nomenclature les père et mère de l'enfant naturel et ses frère et sœur naturels. Donc suivons l'exemple du Code et divisons notre matière en deux sections.

SECTION Ire.

DU DROIT DES ENFANTS NATURELS SUR LES BIENS DE LEUR PÈRE OU MÈRE, ET DE LA SUCCESSION AUX ENFANTS NATURELS DÉCÉDÉS SANS POSTÉRITÉ.

I. *Des droits des enfants naturels*. — On appelle enfants naturels ceux qui sont conçus hors mariage, mais dont les père et mère n'étaient ni parents au degré défendu par la loi, ni déjà mariés. Il faut donc bien les distinguer des enfants adultérins ou incestueux dont nous nous occuperons tout à l'heure. Leur naissance est une faute, une faiblesse et non pas un crime, la loi a donc dû leur accorder une certaine protection.

Sous l'ancien droit, la législation tendant surtout à favoriser le mariage on n'accordait que des aliments aux enfants naturels. Sous le droit intermédiaire on s'éloigna tout à fait de ces idées, et, comme loin de chercher à favoriser le mariage on lui était hostile, la loi accorda aux enfants naturels les mêmes droits qu'aux enfants légitimes.

Entre une législation par trop rigoureuse et une réaction qui poussa la faveur à l'excès, les rédacteurs du Code eurent à prendre un juste milieu; c'est ce qu'ils firent.

Disons d'abord qu'il faut placer sur la même ligne les enfants naturels *légalement* et *judiciairement* reconnus.

L'enfant naturel ne succède qu'à celui de ses père et mère qui l'a reconnu et à tous deux s'ils l'ont reconnu tous deux. Il concourt avec les parents légitimes du *de cujus*; il exclut le conjoint survivant et l'État. En concours avec des parents légitimes il ne prend que le tiers de ce qu'il aurait eu s'il eût été légitime. Pour fixer sa part on s'occupe non pas des parents qu'a laissés le *de cujus*, mais seulement de ceux qui viennent à sa succession.

Lorsqu'il se trouve en concours avec des ascendants et des collatéraux, sa part est invariable; il prend la moitié de ce qu'il aurait eu s'il eût été légitime, c'est-à-dire la moitié de la succession, puisque s'il eût été légitime il aurait pris la succession tout entière.

S'il se trouve en concours avec des collatéraux ordinaires il prend les trois quarts de la succession, toujours en vertu du même système. S'il y a des ascendants dans une ligne et des collatéraux dans l'autre, on divise la succession en deux parts; l'enfant naturel prend la moitié de la part dévolue aux ascendants et les trois quarts de la part dévolue aux collatéraux.

Les enfants légitimes de l'enfant naturel le représentent à la succession de celui qui l'a reconnu.

Ajoutons que l'enfant qu'un des conjoints a eu d'un autre avant le mariage peut être légalement reconnu pendant le mariage, mais cette reconnaissance ne peut nuire ni au conjoint de celui qui l'a faite ni aux enfants légitimes.

L'enfant naturel a un droit de *propriété* sur la succession de ses auteurs; il devra *imputer* sur sa part ce qu'il a reçu de son père par donation. Comme les autres parents voient d'un mauvais œil les enfants naturels et que cela pouvait devenir une source de discorde dans les familles, la loi devait donner un moyen d'éviter ces troubles. Le père pourra donc écarter son enfant naturel de sa succession en lui donnant au moins la moitié de ce qui lui revient et en déclarant expressément que sa volonté est qu'il s'en tienne à cette part.

Mais il faut que cette offre soit acceptée par l'enfant naturel qu'on ne peut forcer à accepter ce règlement. Si l'enfant naturel n'a pas eu la moitié au moins de ce qui lui revient, la loi lui accorde une action en supplément pour obtenir le reste.

Les enfants adultérins ou incestueux ne devaient pas être mis sur la même ligne que les enfants naturels. En effet il est d'abord impossible de les reconnaître, de plus la loi ne leur accorde que des aliments; si on leur a donné un commerce ou fait apprendre un état qui les mettent en position de gagner leur vie on est dégagé de toute obligation vis-à-vis d'eux.

Comme leur reconnaissance est prohibée, elle ne pourra résulter que d'un fait ou de la force des choses; mais cela suffira à faire naître leur droit à des aliments.

II. *Succession aux enfants naturels.* — Lorsque s'ouvre la succession d'un enfant naturel reconnu, la loi y appelle d'abord ses enfants. A défaut d'enfants ce sont ses père et mère naturels s'ils l'ont reconnu tous les deux ou celui qui l'a reconnu s'il n'y en a qu'un; s'il a laissé son père ou sa mère naturels et des petits-fils légitimes, ceux-ci succèdent; si au lieu d'être légitimes ils sont naturels, ils ne succèdent pas, car les enfants naturels reconnus ne sont parents qu'à ceux qui les ont reconnus.

Ses frères légitimes ne succèdent qu'aux choses qui lui ont été données par leur père et qui se retrouvent en nature dans la succession : c'est un second cas de succession anomale; si ses frères sont naturels ils lui succèdent.

Les frères légitimes ne lui succèdent jamais hors le cas que je viens d'indiquer.

SECTION II.

DES DROITS DU CONJOINT SURVIVANT ET DE L'ÉTAT.

A défaut de parents au degré successible et d'enfants naturels la succession appartient au conjoint survivant non divorcé; nous pensons qu'il en serait de même dans le cas d'un mariage putatif dont la nullité aurait été prononcée. L'art. 767 devra recevoir son application dans le cas de séparation de corps, car le mariage n'est pas dissous.

A défaut de conjoint survivant la succession est acquise à l'État par droit de déshérence.

Ces successeurs irréguliers n'ayant pas la saisine sont obligés de demander l'envoi en possession.

De plus, comme le conjoint et l'État n'arrivent qu'en dernier ordre, la loi a prévu le cas où un héritier inconnu se présenterait. L'administration des domaines doit faire apposer les scellés et dresser l'inventaire dans les formes ordinaires. De plus, la mise en possession n'aura lieu qu'après trois publications et affiches dans les formes usitées et le procureur impérial entendu.

Le conjoint doit faire emploi du mobilier ou donner caution suffisante pour en assurer la restitution au cas où un héritier se présenterait dans les trois ans. Au bout de ce temps la caution est déchargée, mais les héritiers peuvent se présenter pendant trente ans.

CHAPITRE V.

DES SUCCESSIONS DÉFÉRÉES AUX ÉTRANGERS.
(Loi du 14 juillet 1819.)

Avant la révolution de 1789, les étrangers, ou aubains, mot qu'on a probablement tiré du latin *alibi nati*, étaient incapables de transmettre leurs biens héréditairement; leurs enfants mêmes, s'ils n'étaient nés et domiciliés en France, ne pouvaient leur succéder. Le roi, au nom de l'État, recueillait leurs biens et ce droit s'appelait *droit d'aubaine*.

La Constituante, par une loi de 1790, abolit le droit d'aubaine, et par une autre loi de 1791 admit tous les étrangers à succéder et à recevoir à titre gratuit de la même manière que les Français eux-mêmes. Les autres peuples n'ayant pas imité ce généreux exemple, les rédacteurs du Code se virent obligés de restreindre les dispositions libérales de la loi de 1791. Ils n'admirent à succéder les étrangers que de la même manière et qu'autant que les Français succédaient dans leur pays.

Enfin parut la loi de 1819 qui accorda aux étrangers les mêmes droits de succession qu'aux Français eux-mêmes.

Cependant on décida qu'en cas de partage d'une même succession entre des cohéritiers étrangers et français, ceux-ci auraient le droit de prélever sur les biens situés en France une portion égale à celle dont ils seraient exclus sur les biens situés à l'étranger à quelque titre que ce fût, en vertu des lois et coutumes locales.

QUESTIONS.

I. Si du vivant de l'ascendant donateur, et après le décès du donataire, les enfants ou descendants laissés par celui-ci mouraient eux-mêmes sans postérité, l'ascendant donateur aurait-il le droit de succéder aux choses par lui données à l'exclusion de tous autres ? — Non.

II. La succession anomale en faveur de l'ascendant donateur a-t-elle lieu, si les biens par lui donnés, après avoir été aliénés par le donataire, sont rentrés dans le patrimoine de ce dernier autrement que par l'effet d'une condition résolutoire ? — Non.

III. L'ascendant donateur qui a donné une somme d'argent peut-il reprendre dans la succession du donataire mort sans postérité une somme équivalente à celle qu'il a donnée, même lorsqu'il n'est pas établi, d'une manière certaine et évidente, que cette somme provient de la donation ? — Non.

IV. Faut-il mettre sur la même ligne l'enfant naturel *légalement* reconnu et l'enfant naturel *judiciairement* reconnu ? — Oui.

V. L'imputation à laquelle l'art. 760 assujettit l'enfant naturel, diffère-t-elle du rapport en matière de succession ? — Non.

VI. La représentation est-elle admise au profit des descendants des frères et sœurs naturels ? — Non.

VII. L'art. 747 constitue-t-il un droit de succession ? — Oui.

VIII. La présence d'un enfant adoptif du donataire empêche-t-elle l'application de l'art. 747. — Oui.

JUS ROMANUM.

Lege duodecim Tabularum, unus admittebatur succedendi modus,
hæreditas, quæ obnoxia nulli magistratui erat, sed ipso jure civili
constituta. Ex lege primum hæredibus suis, deinde cognatis, et ali-
quando gentilibus hæreditas intestatorum deferebatur. Si tres ordines successorum deficiebant, hæreditas erat ejus qui primus eam
occupabat.

At illud asperum videbatur et prætor, naturali æquitate motus,
non modo bonorum possessionem hæredibus secundum legem dedit,
sed etiam emendavit et dilatavit jus civile edicto suo. Primum
bonorum possessionem dedit secundum tabulas illis qui hæredes
stabant, deinde contra tabulas præteritis liberis.

Sed semper sciendum non per legem tantum sed per senatus-
consulta et constitutiones principales hæredes fieri. Prætor enim
hæredes facere nequit; igitur quos solus vocat ad hæreditatem loco
hæredum constituuntur.

Si certum est tabulas testamenti non exstare vel si testamentum
aut ruptum, aut irritum, aut injustum sit, locus est bonorum possessioni, nam testator voluntate sua summum jus fecit.

3

Olim erant octó possessiones bonorum; quatuor ad ingenuorum, quatuor ad libertorum successionem. Sed a Justiniano quibusdam abrogatis, soli supersunt quatuor bonorum possessionum ordines, quos sic enumerat jus Pandectarum : Unde liberi, unde legitimi, unde cognati, unde vir et uxor.

Primum videamus de possessione : unde liberi ex his quas scrvavit Justinanus.

1° DE BONORUM POSSESSIONE *UNDE LIBERI.*
(D. l. XXXVIII, tit. 6.)

I. — Ad illam bonorum possessionem *unde liberi*, prætor vocat liberos cum naturales tum adoptivos, non sine quadam tamen differentia.

Oportet etenim liberos adoptivos esse sub potestate patris adoptatoris, cum interit. Nam si emancipati fuerint, hac emancipatione nullum jus servant ad bonorum possessionem. Hic jacet differentia cum liberis naturalibus qui vocantur ad possessionem bonorum patris intestati siquidem emancipati fuerint. Sed si liberi naturales emancipati, postea adoptati, atque tandem emancipati fuerint vocantur, tamen ad bonorum possessionem, quia omnes status mutationes illis non tollent jus naturale liberorum.

Imo filius emancipatus fuit, et nepos stetit in potestate avi, ille vocatur ad bonorum possessionem patris sui intestati quamvis nunquam fuerit in sua potestate; atque veniet ad bonorum avi possessionem in potestate dummodo pater præcedens non obstet.

Liberi qui sunt in extranea familia adoptione cum venit bonorum possessio, ad illam possessionem non vocantur.

II. — In hac bonorum possessione liberi qui sunt in proximiore gradu cæteros excludunt. Itaque si filium et nepotem ex eo pater emancipaverit, filius solus veniet ad bonorum possessionem, quia nepotem gradu præcedit.

2º DE CONJUGENDIS CUM EMANCIPATO LIBERIS EJUS.
(D. l. XXXVII, tit. 8.)

Ex jure civili, filio emancipato, nepotes veniunt ad successionem defuncti, omisso gradu sui patris. Hoc edicto novo, salvus Julianus voluit filium emancipatum venire ad bonorum possessionem cum nepotibus in defuncti potestate mansis.

Sed quædam requiruntur tam ex patre emancipato, quam ex nepotibus.

Ex patre requiritur : 1º Ut exierit familia in qua nepotes manserint : filius enim in potestate retentus, sive institutus, sive præteritus sit, proximiore gradu nepotes excludit; 2º ut non exhæredatus fuerit; quoniam si exhæredatus fuisset, nepotes soli vocarentur, nam exhæredatus pro mortuo patre habetur.

Nepotibus vero necesse est : 1º Ut sint avi in potestate cujus bonorum possessio petitur; 2º ut semper habeant eum pro patre cum quo conjungendi sunt; 3º ut avus eos non adoptaverit in loco filiorum; 4º ne exhæredati fuerint.

Prætor vocat ad bonorum possessionem cum emancipato non solum nepotes, sed etiam pronepotes avi et alios deinceps non quidem omnes simul sed ordine servato et gradatim.

Inter eos dividitur hæreditas ita ut emancipatus habeat dimidiam partem et sui liberi alteram habeant dimidiam partem.

Si unus ex nepotibus suam omiserit partem, ad fratres non ad patrem suum pertinet; si omnes nepotes omiserint, ad patrem non ad patruum pertinent portiones. Si pater emancipatus quoque omiserit, ad patruum pertinet portio.

Si filius emancipatus post emancipationem bona acquisiverit, si nepotes ex eo in avi potestate non habeat, fratribus suis auferre debet, aut si sint nepotes, eis tantummodo; nam his solis emancipatus confert quibus aliquid aufert.

Hoc edictum de conjungendis Novella Justiniani CXVIII abrogatum est, quæ omnibus liberis, sine ullo discrimine an fuerint in potestate, nec ne, successionem parentum defert.

3° DE POSSESSIONE *UNDE LEGITIMI.*
(D. l. XXXVIII, tit. 7.)

Secundus est gradus bonorum possessionis *ab intestato.*

Si non est locus bonorum possessioni, unde liberi, prætor vocat hæredes legitimos vel agnatos. Omnes qui possunt hæredes esse defuncti *ab intestato* ad bonorum illam vocantur possessionem, sive hæredes legitimi sint ex lege duodecim Tabularum, sive ex alia lege, sive ex senatusconsulto. Etenim vocantur et mater ex senatusconsulto Tertiliano et liberi ex senatusconsulto Orphitiano.

Appellatione legitimorum hæredum continentur hæredes sui, consanguinei et agnati. Cum quæritur an qui bonorum petit possessionem capite deminutus sit, inspicitur eo tempore quo possessio defertur. Nam verba edicti large et cum extensione accipiuntur.

Primo gradu vocantur hæredes sui, si exstant. Quod si nulli sint hæredes sui, prætor vocat proximiorem gradu inter agnatos.

Ad hanc bonorum vocantur possessionem non solum masculi sed etiam feminæ.

Possessio defertur in hæreditate masculorum sicut in hæreditate feminarum, nec tantum ingenuorum verum etiam libertinorum.

4° DE POSSESSIONE *UNDE COGNATI.*
(D. l. XXXVIII, tit. 8.)

Primis gradibus liberorum et legitimorum deficientibus, prætor tertium vocat gradum, id est cognatos, ad bonorum possessionem *ab intestato...*

Prætor illam bonorum introduxit possessionem. Cognati sunt qui eamdem habent originem. Cognatio quidem est in ordine naturali, id est apud vulgo quæsitos. Etenim vulgo quæsiti aut spirii atque sua mater invicem bonorum petere possessionem possunt.

Ex adoptione quoque venit cognatio. Filius enim adoptivus fit eodem tempore cognatus agnatusque eorum qui illum adoptaverunt. Attamen dum acquirit jura cognationis in sua familia adoptiva eadem servat jura in sua naturali familia.

Jura cognationis quæ adoptione acquisivit irrita sunt omni capitis deminutione.

Jura vero cognationis naturalis non irrita minima deminutione capitis sunt.

Prætor cognatis qui usque ad sextum gradum inter se junguntur, et ex septimo a sobrino sobrinaque nato natæve bonorum possessionem pollicetur.

Nulla est in servitute cognatio.

Jura habenda sunt cognationis tempore mortis defuncti et cum bonorum possessio defertur.

Qui defuncti tempore mortis captivus erat, redit, servavit jura cognationis, jure postliminii. Posthumus quidem, adhuc in utero matris, defuncti tempore mortis, natus censetur illo tempore atque habuisse jura cognationis.

Prætor vocat cognatos ad bonorum possessionem gradatim.

Proximum gradu accipere nos oportet eo tempore, quo bonorum possessio defertur.

5° DE POSSESSIONE *UNDE VIR ET UXOR.*
(D. l. XXXVIII, tit. 11.)

Nunc venit quartus gradus bonorum possessionis *ab intestato.* Hæc a prætore introducta fuit et ab imperatoribus confirmata. Illa possessione maritus et uxor, aliis ordinibus deficientibus, invicem sibi *ab intestato* in solidum succedunt, et excluso fisco.

Sed ut huic possessioni locus sit, duæ requiruntur conditiones. Oportet enim testamentum validum et justum esse, et uxorem esse tempore mortis.

Nam si post justas nuptias divortium non jure vel non certo modo factum secutum fuerit, non defertur *unde vir et uxor* bonorum possessio.

6° QUIS ORDO IN POSSESSIONIBUS SERVETUR.
(D. l. XXXVIII, tit. 15.)

In bonorum possessionibus *ab intestato* is ordo servatur : Prætor vocat primum liberos per possessionem *unde liberi;* his deficientibus, legitimos agnatos per *unde legitimi;* deinde, si superior ordo non exstet, cognatos per *unde cognati;* denique si prioris gradus omnino deficiant, virum et uxorem per *unde vir et uxor.*

7° DE SUCCESSORIO EDICTO.
(D. l. XXXVIII, tit. 9.)

In priore edicti parte, prætor ad bonorum vocat possessionem liberos, deinde legitimos, et, duobus illis deficientibus, cognatos. In posteriore parte, quæ *edictum successorium* vocatur, continetur in quo ordine successionem dat, scilicet ut proximioribus repudiantibus aut non petentibus, sequentes admitterentur, tempusque præfinierit intra quod bonorum possessio peti deberet.

Si unus ex his quibus possessio defertur eam repudiat aut non petit, tum posterioris gradus vocantur.

Ille solus cui possessio defertur illam repudiare potest. Portio repudiantis accrescit illis quibuscum conjungitur.

Cum filius excluditur possessione *unde liberi* sibi ipsi succedere potest sicut legitimus et venit ad bonorum possessionem *unde legitimi.*

Eadem dicere est de possessionibus *unde legitimi* et *unde cognati.*

Centum modo dies prætor dedit ut hæredes bonorum possessionem petant. Sed adhuc centesimo die peti potest. Attamen sanguinis decore intra annum liberi possessionem petere possunt. Tempus solum currit ex die quo possessio defertur.

Sed solum currit si hæres illam dilatam esse scivit atque si illam petere potuit.

8° DE POSSESSORIA HÆREDITATIS POSSESSIONE.
(D. l. V, tit. 5.)

His qui non sunt hæredes sed veluti hæredes, id est quibus bono-rum possessio data est, ordinarium fuit hæreditatis petitionem dare possessoriam, per quam consequi possunt tantum quantum civilibus actionibus; hæc actio bonæ fidei data est adversus eum qui possidet sive pro hærede, sive pro possessore.

9° QUORUM BONORUM.
(D. l. XLV, tit. 2.)

Hoc interdicto, is qui bonorum possessionem a prætore impetra-vit, bona illa restitui sibi petit adversus illos, qui ea pro hærede aut pro possessore possident, aut possidere intelliguntur.

Hoc edictum est restitutorium.

Interdicto *quorum bonorum* debitores hæreditarii non tenentur, sed tantum corporum possessores. Qui hoc interdicto experitur pro-bare debet se in ea causa esse, ut ad bonorum possessionem admitti debuerit.

POSITIONES.

I. A filio emancipato, posteaque adoptato, et rursus emancipato, sed ex eo nepote retento in familia, an locus sit edicto per quod nepotes vivo patre ipsorum vocatur? — Ita.

II. Filio emancipato et ex eo nepote per adoptionem retento an locus sit edicto *de conjungendis ?* — Non.

III. An sui repudiata *unde liberi* bonorum possessione hanc unde legitimi habere incipiunt? — Ita.

IV. Cognatis accusatio nec obstat ad successionem si accusaverunt cognatos suos.

V. In bonorum possessione *unde liberi*, qui sunt proximiores, cæteros excludunt.

www.ingramcontent.com/pod-product-compliance
Lightning Source LLC
Chambersburg PA
CBHW070147200326
41520CB00018B/5336